JETZT REICHT`S

LASS DIR NICHTS GEFALLEN

SELBSTBEWUSSTSEIN STÄRKEN

NEIN SAGEN LERNEN

Inhalt

Vorwort

Manchmal musst du feststellen, dass etwas nicht so gelaufen ist, wie du wolltest. Du hast dich wieder einwickeln lassen und bist nicht deinen Vorstellungen, deinen Intentionen gefolgt.
Manchmal nicht schlimm; dann lässt man sich gerne mitreißen. Andererseits, wenn dich das doch unzufrieden macht, musst du dir bewusst werden, was du willst und es auch klar aussprechen.
Es gibt auch Situationen, wo du dir noch nicht im Klaren bist, wie es weitergeht. Daher suchst du nach Ablenkung, Zerstreuung, um dich nicht festlegen zu müssen.
Doch selbst, wenn du weißt, was du willst, kann es Situationen der Selbst-Sabotage geben. Vielleicht ist dir insgeheim bewusst, dass der Weg dahin mühsam ist. Du fürchtest

die Unbequemlichkeit, durch die du dich durchbeißen müsstest.
Angenommen, dein Wunsch ist es, ein Fotobuch deines letzten Urlaubs zusammen zu stellen. Im Hinterkopf sitzt der innere Schweinehund, der dafür sorgt, dass du nur in den Bildern blätterst und in Erinnerung schwelgst, anstatt eine Auswahl zu treffen. Du baust eine Mauer vor dir auf, die immer höher wird, je mehr du dir vor Augen führst, was es bedeutet, das umzusetzen. Ein paar Urlaubsbilder sind auf der Kamera, ein paar auf deinem Smartphone. Vielleicht müssen ein paar davon bearbeitet werden. Welches Bildbearbeitungsprogramm wirst du wählen? Du musst dir ein Konzept überlegen. Du musst im Internet recherchieren, welcher Anbieter welche Formate und welche Papierqualitäten anbietet. Ist die Software zum Hochladen benutzerfreundlich? Was kostet dich das im Endeffekt? Dir wächst das

über den Kopf. Kein Wunder, dass du nicht voran kommst, sondern dich immer noch im Kreise drehst und vielleicht sogar nochmal in den Urlaubsbildern des vorletzten Urlaubs blätterst. Immer schön das Projekt vor dir hergeschoben. Und weiter geträumt.

So geht das nicht. Du stehst dir selbst im Weg. Frage dich, was dein Ziel ist und wie du da hin kommst. Wie kannst du das erreichen? Reicht das Geld? Hast du genug Informationen? Hast du die nötige Zeit? Brauchst du Hilfe?
Und was hat das jetzt mit „Lass dir nichts gefallen" zu tun? Schließlich bist du ja selbst derjenige gewesen, der alles hat durchgehen lassen, der sich vom eigenen Vorhaben abgehalten hat. Folgerichtig gehört zum Durchsetzen auch Konsequenz und Durchhaltevermögen. Lass dir also auch nicht von dir selbst –dem inneren Schweinehund-

alles gefallen.
Wenn du vorhast, ein Buch zu lesen und dein Partner schaltet die Glotze ein in einer Lautstärke, dass du dich nicht mehr konzentrieren kannst, dann solltest du konsequent sein. Du kannst woanders ungestört weiterlesen oder schickst deinen Partner raus mit der Bitte, dir wenigstens noch zwei bis drei Kapitel zum Lesen zu gönnen.
Auf alle Fälle gilt es, Unzufriedenheit zu vermeiden. Vielleicht merkst du selber, wenn du wenig eigene Ziele hast, dass du viel zu sehr die Vorstellung der anderen erfüllst. Du kannst dir deren Vorstellung zu eigen machen, aber vergiss dabei niemals dich.
Wenn dir etwas gegen den Strich geht, mache dich bemerkbar. Du kannst Forderungen anderer an dich auch ablehnen.
Behalte den Blick auf deine Absichten.

Selbstbewusstsein

Was ist der Unterschied zwischen einem selbstbewussten und einem unsicheren Menschen? Der selbstbewusste Mensch ordnet sich selbst einen hohen Wert zu und präsentiert sich dementsprechend stark. Dies kann bewusst oder unbewusst passieren, daher erscheinen viele selbstbewusste Menschen auch als übermütig oder gar arrogant, sie wissen es einfach nicht besser. Andere haben ihr Selbstbewusstsein aber antrainiert und wissen damit genau wo sie stehen. Diese Menschen waren sehr wahrscheinlich vorher einmal sehr unsicher – und haben etwas dagegen unternommen.

Was Selbstbewusstsein genau ist, steckt im Namen. Es ist das Bewusstsein, dass es ein ‚Selbst' gibt. Das bist du. Wo andere dich als Werkzeug, Mittel zum Zweck oder Tor zur

Gemütlichkeit sehen, siehst du dich als der Mensch, der du bist. Das ist sehr wichtig, da du oft die einzige Person bist, die dich so sieht und damit dein einziger Schutz vor Menschen, die dich ausbeuten wollen. Dass du ein wichtiger, wertvoller Mensch bist, sollte dir also selbst-bewusst-sein.

In der realen Welt gibt es natürlich einiges, was am Selbstbewusstsein nagt. Das fängt schon im Kindesalter an, wenn die Geschwister oder gar die Eltern dem Kind das Gefühl geben, unwichtig zu sein. Wenn man in der Familie mehr Ablehnung erfährt als Anerkennung. Zum Beispiel wenn ein meist älteres Geschwister gelobt wird, während du drauf hingewiesen wirst, es ihm oder ihr doch gleich zu tun; „nimm dir mal ein Beispiel an deinem Bruder, der kann das viel besser.“„Deine Schwester bringt lauter Einsen nach Hause und du musst bald

Nachhilfe bekommen.“ So etwas wird verständlicherweise als Vorwurf empfunden und ist nicht dazu geeignet, Motivation in dir zu wecken und das Selbstbewusstsein aufzubauen. In der Schule folgen andere Kinder, die womöglich aus eigener Unsicherheit heraus angreifen, andere Kinder verunsichern wollen um sich selbst hervor zu heben und demontieren damit weiter das Selbstbewusstsein und destabilisieren dein Ego.

Als Erwachsener wirst du oft aufgrund der Berufswahl in Schubladen gesteckt. Wenn viele Menschen dir einreden, dass du ja nicht einmal studiert hättest, sondern nur eine handwerkliche Ausbildung und das nicht so wertvoll sei, wie ein akademischer Werdegang, dann kann es unter ungünstigen Umständen so an dir nagen, dass du es bald selber glaubst. Klar, wenn du nicht gelernt

hast, an deine Fähigkeiten und dein Geschick zu glauben, weil du vielleicht auch nicht die Chance hattest, etwas Geeignetes zu testen, dann hast du keine Basis zum drauf Aufbauen. Du nimmst bald die ‚Loser-Haltung' ein und lässt dich von anderen dirigieren.
Oder vielleicht läuft die Beziehung nicht so gut. Mit mangelndem Selbstwertgefühl kommst du schlimmstenfalls noch auf die Idee, dass du beziehungsunfähig seist. Oder du lässt dich von falschen Freunden auf falsche Gedanken bringen. Das passiert relativ schnell, ‚von außen' her ist es leicht gesagt, dass dein Partner/deine Partnerin oder deinBeruf nicht richtig ist für dich, ganz sicher sein kann man sich da ja nicht.So ein leichtfertiger Kommentar oder grübelnde Gedanken können dich sehr schnell verunsichern. Da musst du erst einmal durchatmen und überlegen, ob das so stimmt

oder nicht. Dazu kommst du nicht jedes Mal. Das Resultat ist, dass dein Selbstbewusstsein sinkt.

Es ist einfach sehr wichtig, ein gesundes Selbstbewusstsein zu entwickeln. Dabei geht es darum, dich selber besser kennenzulernen und zu verstehen. Welche Aussagen, die andere über dich machen, stimmen? Welche Gefallen kannst du anderen erfüllen? Was ist zu viel verlangt? Was kannst du tun?

Die Antwort ist für jeden Menschen eigentlich gleich. Weil jeder Mensch gleichberechtigt ist. Wenn jemand dich um etwas bittet, sollte es selbstverständlich sein, dass diese Person dasselbe auch für dich machen würde. So kommen wir deiner Position, deinem ‚Selbst' näher. Du stehst genau dort, wo dein Gegenüber steht. Auf Augenhöhe. Mach dir das bewusst.

Wenn du dein Leben damit verbringst, die Wäsche der anderen zu waschen, wer wäscht dann deine eigene Wäsche? Es ist wichtig darüber nachzudenken, auch und gerade wenn es erst einmal sehr banal zu sein scheint. Du kannst nicht immer Ja sagen, du musst auch Nein sagen können. Weil du weißt, dass du auf dich achtest. Weil du dir selbst etwas wert bist. Das ist dein Selbstbewusstsein.

Trainieren Nein zu sagen

„Kannst du mir beim Umzug helfen?"

„Nein."

Nein zu sagen fällt aus gutem Grund schwer. Man wirkt böse und unhöflich. Man denkt, dass man Türen schließt, die man gern offen hat. Du weißt selber wie es sich anfühlt, wenn jemand ‚Nein' zu dir sagt.

Dabei geht es erst einmal nicht darum, dass du unhöflich oder gemein bist. In erster Linie entscheidet die Situation selbst, ob deine Antwort ein „Ja" oder ein „Nein" sein wird. Du kannst schließlich nicht beim Umzug helfen, wenn du im Urlaub in Kroatien bist. Du kannst allerdings helfen, wenn du ‚nur' das Theaterstück deiner Tochter verpassen würdest. Oder wenn du ‚nur' Rückenprobleme hast und eigentlich nichts Schweres tragen solltest. In beiden Fällen ist ein ‚Nein' nicht unhöflich. Dein eigenes Wohlbefinden steht auf dem Spiel. Du kannst dich natürlich anbieten, aber du musst nicht. Wenn du etwas anderes vor hast, bereits etwas anderes versprochen hast oder nicht in der Lage bist zu helfen, darfst du ‚Nein' sagen.

Mache dir bewusst, dass jede ablehnende Antwort von dir eine Reaktion bei deinem Gegenüber auslöst. Wie diese Reaktion ausfällt ist aber eher ein Resultat dessen, wie du die Absage rübergebracht hast, als die Tatsache an sich, dass du eine ablehnende Antwort geäußert hast. Wenn die Person, die das ‚Nein' erhält, diese Antwort nicht akzeptiert oder vielleicht eingeschnappt ist, liegt das daran, dass sie mit der Situation unzufrieden ist. Das ist jedoch nicht dein Problem, sondern deren. Selbstverständlich mag das wiederum auch deine Stimmung trüben, wenn du jemanden enttäuscht hast. Hier hast du unterschiedliche Möglichkeiten, mit deiner Ablehnung für Verständnis zu werben – wenn du das möchtest.

Es würde reichen zu sagen, dass du gerade nicht helfen kannst, weil du etwas anderes – um nicht zu sagen Wichtigeres- zu tun hast. Wenn du dem Gegenüber wohlgesonnen bist, kannst du ihm auch verraten, was du gerade zu tun hast, warum du keine Zeit für ihn hast. Da solltest du selber einschätzen können, ob eine extra Erklärung den Bittsteller eher beschwichtigt.

Wenn du demjenigen noch ein wenig mehr die Hand reichen möchtest, könntest du anbieten, ihm zu einem späteren Zeitpunkt helfen zu wollen. Natürlich nach vorheriger Abklärung (ohne konkrete Zusage). Das heißt, deine Priorität liegt derzeit bei deinem Anliegen.

Eine weitere Möglichkeit, eine an dich herangetragene Forderung nicht zusagen zu müssen, ist es, auf Zeit zu spielen. Zum einen hast du dadurch die Chance viel besser einzuschätzen, welchen Aufwand eine Hilfestellung tatsächlich bedeutet und ob du gewillt bist, diese Einschränkung oder den Aufwand auf dich zu nehmen, zum anderen zeigst du damit deinem Ansprechpartner, dass du sein Anliegen ernst nimmst. Ja, du nimmst dir sogar die Zeit, die Thematik zu prüfen und abzuwägen. Damit wird derjenige nicht so barsch abserviert und du gewinnst Zeit. Zeit zu überlegen, ob du helfen willst oder kannst. Zeit, eventuell auch deine Pläne umzustellen, falls du helfen möchtest, aber nicht überrumpelt werden möchtest. Einfache Formulierungen wie „sprich mich doch nächste Woche noch einmal drauf an. Bis dahin weiß ich, ob..." helfen dir, in Ruhe zu überlegen, was du willst. Dann musst du hinterher nicht bereuen, vielleicht zu spontan etwas zugesagt zu haben.

Es kann ferner möglich sein, dass du selbst total vor den Kopf gestoßen bist, weil du trotz der Bitte um eine Gefälligkeit gar nicht richtig weißt, wie du helfen kannst. Du weißt nicht, wie du demjenigen zur Hand gehen kannst. Dann ist es am einfachsten, dies genauso mitzuteilen. Etwa mit Aussagen wie „da habe ich überhaupt keine Idee, wie ich dir helfen könnte" oder „das ist gar nicht auf meinem Schirm". „Bis ich mich da gedanklich rein gefriemelt habe, frage doch lieber…". Das ist fair und im eigentlichen Sinne nicht einmal eine Ausrede, wenn du solche Anfragen ablehnst, die dich überfordern.

Wenn du noch nicht so viel Gelegenheit hattest, ‚Nein-Sage-Strategien' zu üben, dann mach es doch einfach ohne Strategie. Das kommt womöglich etwas plump herüber, aber wer sollte es dir verübeln. Raffe dich auf, setze es durch, sage ‚Nein'. Nein, du willst nicht, nein, du kannst nicht, nein, du hast keine Lust. Vielleicht kostet es ein bisschen Überwindung, aber es ist alleine deine Entscheidung, Nein zu sagen. Und komme bloß nicht auf die Idee, dich für irgendetwas zu entschuldigen; damit relativierst du bloß dein Nein. Keine Angst.

Eventuell hast du dir mit deiner klaren Abfuhr sogar Respekt bei deinem Gegenüber eingeheimst. Jetzt weiß der, dass er dich nicht so einfach vor seinen Karren spannen kann, dich nicht benutzen kann.

In jedem Fall kannst du die Reaktion auf deine Antwort in der Mimik und Körperhaltung deines Gegenübers ablesen. Seine Haltung ändert sich, so dass er unzufrieden, enttäuscht und vielleicht aggressiv wirkt. Das ist nicht ungewöhnlich, sollte aber nicht falsch interpretiert werden; jedenfalls nicht in dem Sinne, dass du etwas falsch gemacht hast. Missverstehe das bitte nicht. Du bist nicht schuld. Es liegt nicht an dir. *Die Situation* ist schuld, falls man das so sagen kann. Der Enttäuschte muss selber sehen, wie er seinen Frust verarbeitet. Sollte er dir das nachteilig ankreiden wollen, wäre es ohnehin angemessen, ihn als Freund abzuschreiben.

Tröste dich: je öfter du in solche Situationen gerätst, umso eher wirst du dich darin behaupten, umso besser wirst du argumentieren können und deine Bedürfnisse ‚verteidigen'. Ja, umso eher wirst du dir auch erst deiner Bedürfnisse bewusst werden.

Angesichts deiner Erwartung, bei Zustimmung auf eine Bitte wahrscheinlich Wohlwollen zu erfahren und bei Ablehnung Zurückweisung, machst du dir oft auch selbst

Druck, sicher eher Ja sagen zu wollen in Erwartung einer freudigen Reaktion und der damit verbundenen Anerkennung. Es geht um Konsequenzen. Was folgt einem „Ja" und was einem „Nein"? Das ist absolut verständlich. Und dennoch kannst du es nie allen recht machen. Also bleibe dir selbst treu.

Du hast sicherlich schon einmal Konsequenzen erlebt, die sich ergeben haben, weil du irgendwann nicht ‚Nein' gesagt hast. Es ist wichtig, diese Konsequenzen zu identifizieren und sie damit richtig zuzuordnen. Du sitzt hungrig am Nachmittag im Büro, weil du das Mittagessen verpasst hast? Warum hast du es verpasst? Was hat dazu geführt? Musste das sein? Hat ein Kollege dich um einen Gefallen gebeten und du konntest nicht Nein sagen?

Für das nächste Mal weißt du dann, dass ein ‚Nein' Konsequenzen verhindern kann, die dir das Leben schwer machen können. Aber wie kannst du dich dazu bringen es durchzuziehen?

Wie bei vielen anderen Dingen lautet die Antwort: Training.
Selbst wenn alle anderen um dich herum zu einem Vorhaben ‚Ja' gesagt haben und du nicht als der Spielverderber in der Runde gelten möchtest, so darf es dir nicht fremd sein, dir kein Unbehagen bereiten ‚Nein' zu sagen. Sonst ist der bloße Akt des ‚Nein'-Sagens bereits eine negative Konsequenz für dein Wohlbefinden. Wenn du einige Male (zum Beispiel auch bei Kleinigkeiten) die Konsequenzen bedacht hast und dementsprechend ‚Nein' gesagt hast, wird dir bewusst, wie harmlos ein ‚Nein' in Wirklichkeit ist.

Du unterliegst keinem Gruppenzwang. Du allein hast die Konsequenz deiner Antwort und Entscheidung zu tragen, daher steht es dir auch zu, dich zu deinem Vorteil zu entscheiden.

Viele Menschen führen Konversationen mit Fragen und erwarten keine wirkliche Antwort. Andere sind sich ihrer Situation bewusst und erwarten keine Hilfe, fragen aber trotzdem, weil Fragen nichts kostet. Du darfst einfach nicht zu sehr darüber nachdenken, was die Leute von dir denken würden. Meistens ergibt sich die logische Antwort aus der Situation heraus und wird damit auch von jedem akzeptiert. Es gibt natürlich immer Menschen, die es nicht akzeptieren, aber das sind dann auch die Leute, die sich ohnehin nur alles passend reden in selbstgefälliger Weise, die denken, alles drehe sich um sie.

Hier sind einige Faktoren, die beeinflusst werden, wenn du erfolgreich ‚Nein' sagen kannst:

- Du hast mehr Freizeit um Dinge zu tun, die du tun willst/musst
- Deine Arbeit wird nicht beeinflusst/du musst deine Pläne nicht ändern
- Du kontrollierst dein eigenes Wohlbefinden

Wenn dir das ‚Nein' schwer fällt, fängst du am besten klein an. Sag ganz bewusst und deutlich ‚Nein' wenn der Bäcker fragt, ob es noch etwas sein darf und du sonst nichts willst/brauchst. Mache dir bewusst, dass das eine aktive, lebendige Entscheidung ist, die du triffst und was daraus folgt/nicht folgt. Wenn irgendwo eine Verwechslung passiert oder deine Bestellung falsch aufgenommen wurde, nimm es nicht hin sondern kommentiere es. „Entschuldigen Sie, ich wollte das Essen ohne Zwiebeln bitte." Du wirst merken, dass es völlig in Ordnung ist deine Interessen durchzusetzen. Und eins darfst du nicht vergessen: Niemand außer dir setzt deine Interessen durch.

Nein-Sagen-Können ist ein Selbstschutz. Um dich zu schützen, musst du Grenzen ziehen. Sonst musst du den Preis für die Konsequenzen zahlen. Der Preis kann hoch sein, wenn du zulässt, dass andere über dich, über deine Zeit oder über deine Energie verfügen. Du wirst unzufrieden, weil du dich ausgenutzt fühlst, weil du mit deinen eigenen Bedürfnissen zu kurz kommst.

‚Nein' sagen heißt mehr, als sich manchem zu verweigern oder trotzig etwas nicht zu tun.

Meistens hat man im Moment nicht die Zeit lange über das ‚Ja' oder ‚Nein' nachzudenken. Neben dem bloßen ‚Nein' sagen (können) muss auch ein Bewusstsein über die Situation entwickelt werden. Wenn du über deine Vorhaben Bescheid weißt und deine Bedürfnisse kennst, kannst du eine Situation erfolgreich analysieren und dementsprechend zügig die richtige Antwort wählen und kommunizieren.

Situations-Analyse

Situation erkennen

Manche Leute würden sagen, dass sie sich selber relativ gut kennen. Das kann man so stehen lassen oder man kann es etwas eingrenzen, indem man sagt, dass man seine aktuelle Situation relativ gut kennt. Dabei geht es um die eigene Position innerhalb der Beziehungen, die um die eigene Position herum existieren. Auf Deutsch: Wo stehst du inmitten deiner Freunde/Familie/Kollegen?

Wie beschreibst du dein kommunikatives Umfeld?

In der Arbeit ist es am Einfachsten nachzuvollziehen. Wenn du ein Kellner bist, das Essen für Tisch 12 fertig ist und die Küche dich bittet, das Essen an den Tisch zu bringen, ist es deine Aufgabe dies zu tun. Das ist einfach dein Job. In deiner Mittagspause den Hund des Küchenchefs zu füttern, ist nicht dein Job. Wenn der Küchenchef dein Ehemann ist und der Hund auch dein Hund ist, macht es wiederum Sinn es zu tun.

So gibt es für jede Situation, in der man sich findet, eine Art Index dafür, was selbstverständlich ist und was nicht. Es ist wichtig, hin und wieder darüber nachzudenken, damit das einfach ‚im Blut' ist. So dass sich aus den ständigen Abwägungen, Überlegungen und

Unsicherheiten ein relativ klares „Das ist okay“ und „Das ist nicht okay“ entwickelt.

Das ist insbesondere wichtig, weil jeder seine eigenen Ansichten dazu hat. Du bestimmst das für dich selbst, du hast deine eigenen Standards und deine eigene Beziehungswelt um dich herum. Daher kann niemand sonst dir sagen, was okay ist und was nicht, da niemand deine eigene Welt so gut kennt wie du.

Aufgabe definieren

Was eigentlich gefragt wird spielt natürlich eine enorme Rolle. Mal eben mit anzupacken um eine Bierbank etwas zur Seite zu stellen bringt niemanden um und geht ganz schnell. Am Wochenende die Taufe des Sohns von Freunden zu filmen ist etwas aufwändiger. Je nachdem was verlangt wird, macht es Sinn für dich zu wissen, was auf dich zukommt.

Dabei gibt es zwei Dinge zu beachten. Der eigentliche Aufwand und die daraus folgende Konsequenz. Der Aufwand ist ein Punkt, bei dem du ehrlich sein solltest und deine Erfahrung nutzen kannst.

Wenn du etwas zum ersten Mal machst, kannst du den nötigen Aufwand nur schätzen. Oft meint man es dabei zu gut und unterschätzt den Aufwand. Beim Umzugs-Beispiel kann ein simples ‚Mit-Anpacken' zum Einladen und Ausladen der Umzugskartons, was theoretisch nicht länger als 1-2 Stunden dauern sollte, den ganzen Tag dauern, weil der Transporter nicht umgehend zur Verfügung steht oder bei deiner Ankunft noch nicht alles verpackt ist. Beim nächsten Mal wirst du dann nicht einen verbindlichen Termin unmittelbar im Anschluss planen, weil du weißt, zu was für einem Aufwand sich ein Umzug entwickeln kann.

Damit bist du einen Schritt weiter. Du hast jetzt die Erfahrung, um beim nächsten Umzug ermitteln zu können, welcher zeitliche und welcher körperliche Aufwand entsteht. Anstelle der eigenen Erfahrung kann der Rat eines erfahrenen Bekannten übrigens auch herhalten.

Neben dem Aufwand spielen die Folgen, die Konsequenzen, auch eine maßgebliche Rolle, der du dir bewusst sein solltest. Nach einem Umzug wirst du zum Beispiel auch als Helfer/in relativ erschöpft sein. Dementsprechend wirst du nicht sofort zur Verfügung stehen um etwas anderes zu machen.

Eine Konsequenz kann ganz verschieden aussehen. Es kann körperliche Konsequenzen geben, wie die Erschöpfung nach einem Umzug, aber auch materielle Konsequenzen oder gar finanzielle Konsequenzen. Es ist Samstagabend, dein Nachbar klingelt und fragt, ob du ihm ein paar Eier leihen kannst. Er war eben im kleinen Supermarkt um die Ecke, aber die haben keine mehr. Du hast noch ein paar daheim. Du könntest sie ihm geben, aber dann fehlen sie dir fürs Omelette am Sonntagmorgen. Das klingt erstmal relativ simpel. In der Realität ist es oft komplexer. Wenn du zum Beispiel einen Akkuschrauber ausleihst und ihn intakt wiederbekommst, kann es trotzdem sein, dass er extrem abgenutzt wurde oder du den Aufwand hast, dreimal nachfragen zu müssen, bis du ihn wieder bekommst. Ebenso ist es zu beachten, dass, wenn du einen Bekannten zum Flughafen fährst, bei dir Spritkosten anfallen.

Jede Leistung, jeder Gefallen, jede Aufgabe bringt einen gewissen Aufwand und gewisse Folgen mit sich und es ist wichtig, diese zu erkennen.

Alltag betrachten

Eine gewisse Routine gibt im Alltag meistens vor, was du tun kannst und was nicht. Dabei hast du Pläne, Überlegungen, Präferenzen und Pflichten, denen du teils nachkommen musst und teils gerne nachkommen würdest. Es passiert nicht oft, dass dein Alltag ein leeres Blatt Papier ist, was durch andere beschrieben werden soll.

Als logische Konsequenz mischt ein Gefallen, den du jemand anderem tust, deinen geplanten Alltag auf.

Zum Beispiel hast du nach Feierabend vor, zum Einkaufen zu fahren und anschließend fein zu kochen. Du erhältst einen Anruf von einem Freund, er hat ein paar weitere Freunde eingeladen zu einem kleinen Zusammentreffen im Park, weil das Wetter so schön ist. Einfach im Gras sitzen und den

Feierabend genießen. Wenn du daran teilnimmst, wird es schwierig mit Einkaufen und fein kochen. Du willst ja schließlich nicht nur fünf Minuten daran teilnehmen, außerdem ist dieser Park an einem Ort, der dir eine halbe Stunde Umweg verursacht. Wenn du schon mal versucht hast, das alles unter einen Hut zu bringen, wirst du wissen: Es ist schwierig, wenn nicht sogar unmöglich. Sagen wir es mal so: Es ist unmöglich, alles zu tun und es so zu genießen, als würde man nur eins von beidem machen. Es entwickelt sich eine „entweder/oder"-Situation.

Deshalb empfiehlt es sich, seine Alltagspläne bewusst und realistisch im Hinterkopf zu behalten, wenn es darum geht weitere Aktivitäten in den Alltag einzufügen. Manchmal kannst du eben einfach nicht. Es ist nicht so schlimm. Du brauchst dich nicht zu hetzen, um an einer Aktivität teilzunehmen, die zur Entspannung gedacht ist.

Ebenso bewusst sein sollten dir die jeweiligen Voraussetzungen und Gegebenheiten deines Alltags. Wenn du mit Anzug und Krawatte arbeitest wird es schwierig, direkt nach Feierabend etwas zu tun, was etwas lockerere Kleidung braucht. Im Gras zu sitzen und die Sonne zu genießen klingt sehr einladend. Nicht aber, wenn du dir Gedanken um Gras-Flecken auf der Kleidung machen musst.

Also immer bewusst den Alltag im Blick haben. Was hast du vor? Was brauchst du? Bist du ‚richtig ausgestattet'?

Entscheiden

Wenn dir dein eigener Alltag bewusst ist, du die Aufgabe definiert hast und deine eigene Situation/Beziehungen auch klar sind, kannst du dich an eine Entscheidung machen. Was hier ausführlich beschrieben wird, passiert in Wirklichkeit natürlich in Sekundenbruchteilen. Es ist aber wichtig zu wissen, was passiert beziehungsweise was passieren muss.

In diesem Schritt erfolgt die eigentliche Analyse. Alles, was in diesem Kapitel bisher beschrieben wurde, wird jetzt von deinem Gehirn durchgekaut. Je nachdem, wie viele Informationen du deinem Gehirn gefüttert hast, fällt die Entscheidung entsprechend sorgfältig oder willkürlich aus. Eine sorgfältige Entscheidung tut dir selbst am besten. Deswegen macht die Vorarbeit mit der Analyse der Situation Sinn.

Jeder Faktor des Gefallens, nach dem du gefragt wirst, spielt eine Rolle und wird mit deiner Situation verglichen. Es findet eine Gegenüberstellung statt.

Beispiel:

- Du wirst gefragt, ob du heute dabei helfen kannst, den neuen Kleiderschrank eines Bekannten aufzubauen. Es ist Samstag, du hattest eine beschäftigte Arbeitswoche, bist zu nichts gekommen und wolltest den Tag nutzen, um bei der Post ein Paket abzuholen, zum Optiker zu gehen, ein Geschenk für deine Schwester zu kaufen und frisches Obst vom Markt zu besorgen. Du könntest jetzt helfen, aber all deine Erledigungen bleiben liegen. Du wirst wahrscheinlich auch nicht nur schnell

> 5 Minuten den Schrank aufbauen, man kommt ins Gespräch und braucht länger als die eigentliche Handlung dauert. In diesem Fall entscheidest du ganz klar „Nein.“ Du bist jetzt beschäftigt. Du hast sonst keine Zeit für deine Erledigungen.

Das ist erstmal der Entscheidungsprozess. Du hast deinem Bekannten noch nicht geantwortet. Aber für dich ist die Sache sehr eindeutig. Die Entscheidung kann anders aussehen, falls andere Faktoren dazukommen. Was oft passiert ist, dass man versucht eine Lösung zu finden, die besser passt, als was zu Beginn vorgeschlagen wurde. Dabei geht man diesen Entscheidungsprozess jedes Mal wieder gedanklich durch, wenn sich etwas ändert. Deshalb ist es so wichtig, einen sinnvollen

Entscheidungsprozess zu entwickeln, damit man die beste Lösung finden kann.

Antworten

Das eigentliche Antworten ist der Aspekt, vor dem man sich oft graust. *Du* weißt, wie beschäftigt du bist, du kannst in einem *„Ich kann heute nicht.“* nicht alle Gründe unterbringen, die erforderlich wären, dass dein Gegenüber sofort versteht, warum das so ist. Dabei kann man sich schnell verplappern und den Fokus verlieren.

Definiert und begründet. Diese zwei Aspekte müssen in jeder Antwort gegeben sein.

„Ich kann heute nicht, ich habe eine Menge zu tun.“ Das reicht schon aus.

„Ich kann heute nicht, ich habe eine Menge zu tun, ich musste letzte Woche so viel arbeiten und dann hab ich ein Paket verpasst, das muss ich jetzt bei der Post holen, außerdem brauch ich noch ein Geschenk für meine Schwester, die Geburtstag hatte und...."

So viel Information als Initialantwort ist nicht erforderlich. Das klingt nach Ausreden. Du kannst gerne die einzelnen Gründe nennen, wenn dein Gegenüber danach fragt, wobei es sinnvoller ist, eine bessere Lösung zu finden.

Sagen wir mal, du willst unbedingt helfen. Du hast eine Menge zu tun; das steht im Raum. Aber muss der Gefallen zur gleichen Zeit passieren? Es ist Samstag, geht's auch am Sonntag (vorausgesetzt natürlich, du kannst am Sonntag)? Geht's auch gegen Abend? Da hat die Post und der Markt sowieso nicht mehr geöffnet.

Eine Antwort ist nicht unbedingt immer eine definitive und endgültige Aussage. Sie kommuniziert lediglich deine Entscheidung unter den gegebenen Eckpunkten und dient damit als Basis für einen Dialog, falls du wirklich helfen willst. Du solltest auf jeden Fall erkennen, dass es Alternativen gibt und du nicht jedem Gefallen hinterherrennen musst. Du kannst eine Lösung finden, die dir selber auch gut tut, was der ganze Sinn dieser Übung ist.

Dabei geht es um Kommunikation. Du wirst gefragt, du entscheidest und kommunizierst deine Entscheidung. Ein ‚Nein' wirkt wesentlich freundlicher, wenn dein Gegenüber weiß, wo es herkommt. Daher brauchst du auch keine Skrupel zu haben.

Handeln

Beziehungen verstehen

Ähnlich wie beim Erkennen der Situation, spielen Beziehungen eine Rolle. Du weißt bereits, dass niemand ‚deine' Welt so gut kennt wie du selber. Damit ist alles jedoch noch nicht glasklar. Wenn du bei der Arbeit bist, ist dein Chef gleich dein Chef, aber ein guter Chef ist nicht das gleiche wie ein schlechter Chef. Ebenso ist ein guter Freund nicht das gleiche wie ein schlechter Freund. Abgesehen von der offensichtlichen Hierarchie ist die bisherige Geschichte mit dieser Person wichtig, um die Beziehung zu verstehen und damit zu ermitteln, inwiefern es okay oder nicht okay ist, einen Gefallen zu tun.

Es passiert schnell, dass du etwas vergisst oder nicht darüber nachdenken willst. Einige Menschen haben ein Talent dafür, dich auszunutzen und zeigen das immer wieder, indem sie dich um einen Gefallen bitten, es aber ignorieren, wenn du sie um einen

Gegengefallen bittest, um dich später wieder um einen Gefallen zu bitten.

Da ist Standhaftigkeit gefragt. Auch wenn von den Gegebenheiten (Situation, Aufgabe, Alltag) her alles passt, darfst du gern einen Gefallen verweigern, wenn eine Person sich als unzuverlässig und undankbar erwiesen hat. Genau genommen solltest du sogar diese Gefälligkeit ausschlagen, um dir mehr Glaubwürdigkeit und Souveränität zu verleihen. Dies kannst du noch untermauern, indem du deine Körperhaltung entsprechend ausrichtest; Oberkörper aufrichten und entweder die Arme vor der Brust verschränken (Barriere bilden) oder eine abwehrende Handbewegung machen. Dazu ein klares, ausgesprochenes ‚Nein' durch eventuelles Kopfschütteln begleitet. Diese Geste wird richtig gedeutet, diese Signale sind eindeutig. Da traut sich keiner mehr, dich auszunutzen.

Das Gegenteil ist natürlich auch möglich. Manche Leute sind sehr nett und verlangen nie etwas. Da kann es dann auch mal sein, dass du jemandem gern einen Gefallen tun willst, selbst wenn diese Person schüchtern wirkt. Das heißt, es kann auch manchmal von dir selbst ausgehen, dass du jemandem einen Gefallen tust.

Das sind andere Voraussetzungen. Das ist in Ordnung. Alles in allem ändert sich der Blickwinkel im Hinblick auf die (logische) Entscheidung, wenn man die persönlichen Beziehungen in Betracht zieht. Dabei geht es in beide Richtungen (gut und schlecht). Selbst wenn es sich falsch anfühlt ‚Nein' zu sagen obwohl du könntest, denk daran was bisher passiert ist. Lass deine Erfahrungen

Revue passieren. Es ist völlig in Ordnung „Nein" zu sagen.

Eigene Kapazitäten

Machen wir uns mal nichts vor…jeder Mensch ist vor dem Gesetz gleich, aber nicht jeder Mensch ist exakt gleich gebaut. Während der eine einen Baum ausreißen kann, bekommt der andere einen Muskelkater vom Kaffeetassen-Halten. Was du selber kannst und nicht kannst spielt auch eine Rolle. Dabei geht es nicht nur um den Körper sondern auch um den Geist, die Finanzen und die Zeit.

- Körper: Der Körper spielt hauptsächlich dann eine Rolle, wenn es um Kraftakte geht. Das kann ein Umzug sein, das kann eine Gartenarbeit sein oder sonst eine körperlich anstrengende Tätigkeit.

Jeder hat seine Limits und du weißt in der Regel, was dir leicht fällt und was nicht. Du musst wissen, ob der Gefallen den resultierenden Muskelkater wert ist oder nicht.

- Geist: Es wird oft unterschätzt, welchen Einfluss ein simpler Gefallen auf den Geist haben kann. Das Stichwort hier ist ‚Stress'. Den Gefallen *und* deinen geplanten Alltag unter einen Hut zu bringen verursacht Stress. Dieser Stress wirkt sich negativ auf dein Wohlbefinden aus. Das gute Gefühl ‚geholfen zu haben' geht komplett flöten, wenn der Gefallen dich stresst.
- Finanzen: Du bist wahrscheinlich nicht reich, beziehungsweise nicht reicher als deine Bekannten. Natürlich kommt niemand her und

fragt frech nach Geld, aber einige Gefallen bringen Unkosten mit sich. Oft ist das verbrauchterTreibstoff um von A nach B zu kommen. Es kann aber auch der Verschleiß von Werkzeugen sein. Alles hat einen Wert.

- Zeit: Der wohl bedeutendste Faktor wenn es um Gefallen geht. Du hast (leider) nicht unendlich viel Zeit und du musst deine Zeit organisieren, so wie jeder andere auch. Einen Gefallen zu tun bedeutet, etwas anderes nicht zu tun. Es ist genau so simpel. Auch wenn es keine andere Aktivität gibt die du tun könntest. Frei zu haben kostet auch Zeit.

Sei dir bewusst darüber was du kannst und nicht kannst – in jeder Hinsicht. Es ist völlig okay ‚Nein' zu sagen.

Organisation

Damit kommen wir zur Organisation. Deine Zeit ist eine deiner wichtigsten Ressourcen. Alles, was du für jemand anderen tust, wird von der Zeit abgezogen, die du für dich selber und deine eigenen Aufgaben zur Verfügung hast. Das ist offensichtlich und ein einfaches Rechenexempel.

Die Zeit wartet nicht. Wenn du ‚mal eben' jemandem hilfst, kann dein ganzer Tag dafür verbraucht werden.

Bei der Tagesplanung ist es daher sehr wichtig, großzügig zu planen. Man plant oft mit absoluten Zeiten, es dauert 10 Minuten zum Ikea zu fahren, dann braucht man nur 5 Minuten um die Lampe zu schnappen und 10 Minuten zurück. Also ein 25 Minuten Trip zum Ikea? Wohl kaum.

Du kannst dir mit Puffern behelfen. Es braucht vielleicht nur 10 Minuten zum Ikea zu fahren, aber du brauchst 5 Minuten bis du am Auto bist und effektiv losfahren kannst. Dort einen günstigen Parkplatz ergattern. Vielleicht schaffst du es in 5 Minuten durch den Ikea zu rennen, aber du brauchst Zeit, um eine Lampe auszusuchen. An der Kasse warten musst du auch.

Je großzügiger du Puffer in deine Tagesplanung einbaust, desto entspannter geht dein Tag vorbei. Etwa 5 Minuten Puffer pro 20 Minuten sollten mindestens drin sein. Beim vorherigen Beispiel kannst du sogar alle 10 Minuten 5 Minuten Puffer einbauen.

Jetzt fragst du dich vielleicht „Was hat Tagesplanung und Puffer einbauen mit Selbstbewusstsein zu tun?" Ganz einfach. Es ist ein Werkzeug, um den Wert deiner Zeit zu bestimmen. Ein Gefallen,den du jemandem tust, ist in jedem Fall erst mal eine Beanspruchung deiner Zeit. Deine Tagesplanung *realistisch* zu planen ist essentiell für dein Wohlbefinden, da dir dann die Zeit nicht wegläuft. Mal eben 5 Minuten durchzuatmen ist wohltuender als alle 5 Minuten auf die Uhr zu schauen und hinterher zu hetzen.

Zeitmanagement und Organisation können wahre Wunder für dich wirken. Zugunsten deiner verfügbaren Zeit ist es völlig in Ordnung, ‚Nein' zu sagen.

Richtig Kommunizieren

Wenn du nun ‚Nein' sagst, gibt es verschiedene Möglichkeiten, dieses ‚Nein' zu kommunizieren. Dass dein Gegenüber deinen Standpunkt verstehen muss, weißt du schon. Es geht jetzt darum, dass es dir selber dabei gut geht, wenn du ‚Nein' sagst.

Die Schwierigkeit ist, dass du Angst hast, missverstanden zu werden. Wenn du einem guten Bekannten gern helfen willst, es aber einfach nicht geht, mache deine Empathie deutlich. Du *bedauerst*, dass du nicht helfen kannst. Du *verstehst*, dass er Hilfe braucht.

Wie eingangs erwähnt, ist die Situation der Übeltäter. Bei einem ‚Nein' wirkt dein Gegenüber enttäuscht, möglicherweise auch wütend, was sich durch die Körperhaltung sichtbar macht. Kommunizierst du deine Antwort aber mit der entsprechenden

Empathie und dem nötigen Verständnis, wirkt dein Gegenüber ruhiger und gelassener. Er/sie wird sich bewusst, dass die Situation Schuld ist, da du gezeigt hast, dass du gern helfen würdest. Damit fühlst du dich auch besser, da du jetzt nicht böswillig gemein warst, sondern realistisch.

Du darfst natürlich auch weniger empathisch vorgehen, wenn dich jemand um einen Gefallen bittet, dem du nicht helfen willst. Dabei ist eine direkte Kommunikation der Schlüssel, um die aggressive Körperhaltung, die einen Gefallen von dir verlangt, zu zähmen. Du darfst es ruhig erwähnen, dass jemand dir ständig Gefallen ausschlägt, während du dieser Person einen Gefallen nach dem anderen tust. Auf die Frage „Hä, was soll das, du hast doch Zeit, warum hilfst du mir nicht?" kannst du kontern mit „Was war denn letzte Woche, als ich Hilfe gebraucht habe?". Darauf gibt es keine effektive Antwort, du hast einfach Recht. Und das weiß dein Gegenüber auch.

Auch wenn es keine Geschichte gibt...zu einigen Gefallen oder ‚Verlangen' kann man einfach ‚Nein' sagen. Empathie hin oder her, wenn dich jemand offensichtlich nur ausnutzen will, schuldest du dieser Person nichts. Nicht mal deine Zeit.

Das Verhältnis von Ja und Nein

Die Grundlagen sind damit geklärt. Du analysierst die Situation und handelst dementsprechend richtig. Du verstehst was passiert und wählst den weiteren Verlauf entsprechend aus. Du kennst dich aus in der Welt der Gefallen und der Selbstachtung.

Ein Grundsatz ist aber noch von enormer Wichtigkeit um dir dabei zu helfen, dich durchzusetzen.

Wenn du zu anderen ‚Nein!' sagst, sagst du ‚Ja!' zu dir selbst!

Das geht schon aus den einzelnen Themen hervor, die vorher angesprochen wurden, aber es ist viel effektiver, es einfach so klipp und klar zu sagen, wie es ist. Du bist auch ein Mensch. Du hast deine eigenen Probleme. Du bittest andere vielleicht nicht so oft um Gefallen wie andere Leute dich um Gefallen bitten.

So trivial dein Alltag und deine alltäglichen Aufgaben dir vorkommen mögen, du hast dein Zeug zu erledigen, so wie jeder andere auch. Wenn du ständig anderen hilfst, verweigerst du dir die Zeit, die du brauchst, um dein Zeug zu erledigen. Es ergibt sich ein

Stau, eine Ansammlung von trivialen Aufgaben für dich, die völlig unnötigen Stress bei dir verursachen können. Behalte folgende Aussage deswegen im Hinterkopf:

Wenn du zu anderen ‚Ja!' sagst, sagst du ‚Nein!' zu dir selbst!

Diese Formulierungsweise macht deutlich, was ein Gefallen eigentlich ist. Er ist ein Geschenk von dir an jemanden. Wenn du das so betrachtest wird es deutlicher, dass du nicht ständig Geschenke organisieren kannst. Außerdem ist es dir gegenüber nicht fair, dass du ‚Nein' zu dir sagst.

Hilf dir selbst, indem du die Dynamik von Ja und Nein als die betrachtest, die sie ist. Mit jedem ‚Ja' sagst du zu etwas anderem ‚Nein' und umgekehrt. Mal eben schnell eine Sache für jemanden zu erledigen ist also nicht ganz so belanglos, wie es erst mal scheint.

Mach dir das bewusst und handle dementsprechend. Es ist völlig okay ‚Nein' zu sagen.

Konsequenzen

Du weißt jetzt Bescheid über die meisten wichtigen Aspekte wenn es darum geht, dich durchzusetzen und auch mal ‚Nein' zu sagen, wenn es angebracht ist. Eine der wichtigsten Folgen und damit einer der wichtigsten Gründe warum das sinnvoll ist, wurde bisher nicht angesprochen. Dabei geht es um eine schleichende Konsequenz, die sich ergibt, wenn du dich von anderen herumschubsen lässt. Es handelt sich nicht mehr nur um das unmittelbare Wohlbefinden oder um die Handhabung deiner Beziehung zu einer

Person. Es geht ums Ganze. Um deine eigene mentale Gesundheit.

Die ist nämlich nicht zu unterschätzen. Sie geht hinter der körperlichen Gesundheit oft unter, da diese sich viel deutlicher zeigt. Die mentale Gesundheit ist dagegen vielleicht sogar wichtiger, da ein gesunder Geist generell stärker ist und auch vor Krankheiten schützen kann.

Ein ständiges Trampeln auf dem eigenen Selbstbewusstsein führt langfristig zu einem geringeren Selbstwertgefühl. Wenn man das geschehen lässt, kann es sogar so weit gehen, dass Depressionen folgen. Das ist die große Gefahr: Eine Depression macht nicht so klar auf sich aufmerksam wie der kratzige Hals am ersten Morgen einer Erkältung. Man merkt nicht, dass sie kommt bevor sie schon da ist. Damit es gar nicht erst so weit kommt, musst du ihr ein paar Schritte voraus sein. Indem du andere nicht auf dir herumtrampeln lässt.

Oft kann alles was hier steht auch auf das simple ‚Bauchgefühl' reduziert werden. Dein Unterbewusstsein ist sehr schnell und talentiert wenn es darum geht, Faktoren im Hintergrund miteinander zu kombinieren und eine Lösung zu finden. Du hast nur leider nicht den gleichen Zugriff darauf wie du ihn von deinem Bewusstsein gewohnt bist. Generell gilt: Wenn du ein schlechtes Gefühl hast bei einer Sache, wird sie dir möglicherweise nicht gut tun.

Andere Hinweise, dass etwas nicht stimmt, sind natürlich Kopfschmerzen, Müdigkeit, Stress und allgemeine Schwäche. Diese Symptome kommunizieren dir, dass du eine

Atempause brauchst. Das bedeutet, du sagst „Nein, ich bin erschöpft.".

Wenn es soweit ist, dass du eine Sache nach der anderen für andere Menschen tust ohne es zu hinterfragen, weil du dir selber sagst, dass deine Zeit nicht so viel wert ist wie die der anderen, ist das bereits eine deutliche Warnung. Wenn du das selber so betrachtest, ist das nicht unbedingt die tatsächliche Situation. Stattdessen ist dein Selbstwertgefühl sehr angeschlagen.

In diesem Fall machst du dir bitte bewusst, dass du sehr wohl auch wichtig bist!

Das mag anderen vielleicht egal sein, aber dir selber darf es nicht egal sein. Niemand darf sauer sein, wenn du nicht hilfst. Niemand hat das Recht, dir deinen Status als menschliches Wesen zu stehlen. Niemand kann bestimmen, dass du weniger wichtig bist als jeder andere Mensch.

Du bist ein Mensch mit einem Leben, mit körperlichen und finanziellen Kapazitäten, du hast eine gewisse Position innerhalb deines sozialen Umfelds, du bist fähig zu kommunizieren und die Situation zu erkennen, in der du dich befindest. All das führt dazu, dass du eine wohlüberlegte, grundlegende, eigene und freie Entscheidung treffen kannst, wenn dich jemand um etwas bittet oder etwas von dir verlangt.

Du bist dein eigener Chef und du bist dir selber wichtig. Du willst deinen Körper gesund halten, du kannst schließlich nirgendwo sonst leben und auch dein Geist will das Leben genießen.

Manchmal gehört es einfach dazu, abzusagen. Trau dich.

Schlusswort

Ich möchte dich darauf hinweisen, dass ich kein Psychologe bin. Dieses Buch ist auf gesunden Menschenverstand aufgebaut und enthält Erfahrungswerte vieler Jahre. Wenn man merkt, dass man es nicht jedem recht machen kann, dann rückt irgendwann die eigene Wertschätzung in den Vordergrund. Schon aus Selbsterhaltungstrieb. Die Wahrnehmung wird selektiver – hin zu einem gesunden Egoismus. Ich kann es nicht nur nicht jedem recht machen, ich will es auch gar nicht (mehr). Etwas, was mir ‚stinkt' einfach weg zu lächeln, bringt doch niemandem etwas. Warum soll ich nett sein? Genauso gut kann ich doch auch sagen, was ich denke. Wenn ich gut drauf bin und die Situation es erfordert, kann ich ja höflich bleiben. Wünschenswert wäre, du machst dir die Erfahrung zu Nutze und kannst für dich daraus schöpfen. Wenn es nicht gleich so klappt mit der Umsetzung, scheue dich bitte nicht, Hilfe in Anspruch zu nehmen. Du bist es wert, verstanden und gefördert zu werden. Du kannst nur daraus wachsen.

Wenn dir das Buch Inspirationen und gute Vorsätze vorlegen konnte, die dich zur Umsetzung motivieren, würde ich mich über eine positive Bewertung auf Amazon freuen. Das inspiriert mich auch. Vielen Dank, deine

Katrin Bonrath

Haftungsausschluss

Die Verwendung der Informationen in diesem Buch und die Umsetzung derselben erfolgt ausdrücklich auf eigenes Risiko. Haftungsansprüche .gegen den Autor für Schäden jeglicher Art, die durch die Nutzung der Informationen aus diesem Buch bzw. durch die Nutzung fehlerhafter und / oder unvollständiger Informationen verursacht wurden, sind ausgeschlossen.

Der Inhalt dieses Werkes wurde mit größter Sorgfalt erstellt und überprüft. Der Autor übernimmt keine Gewähr und Haftung für die Aktualität, Korrektheit, Vollständigkeit und Qualität der bereitgestellten Informationen. Druckfehler können nicht vollständig ausgeschlossen werden.

Weiterhin beruht der Inhalt dieses Werkes auf persönlichen Erfahrungen und Meinungen des Autors. Der Inhalt darf nicht mit medizinischer oder psychotherapeutischer Hilfe verwechselt werden.

Impressum

1.Auflage

Kontakt: Susanne Gerke Hampf/ Limburger Strasse 49/ 61479 Glashütten

Covergestaltung: fiverr

Coverfoto: Depositphotos

Druck: Amazon Media EU, S.à.r.l., 5 Rue Plaetis, L-2338 Luxemburg

32226596R00038

Printed in Poland
by Amazon Fulfillment
Poland Sp. z o.o., Wrocław